ORDONNANCE

DU ROI,

DU 25 OCTOBRE 1826,

CONCERNANT LES

VOLONTAIRES DE LA MARINE,

SUIVIE DU PROSPECTUS POUR L'ADMISSION DES ÉLÈVES
AU COLLÉGE ROYAL D'ANGOULÊME, ET DU CONCOURS
PUBLIC POUR L'ADMISSION D'ÉLÈVES DE DEUXIÈME
CLASSE DANS LA MARINE.

(Extrait des Moniteurs des 18 et 19 Novembre 1826).

A BREST,

Chez LEFOURNIER et DEPERIERS, Libraires pour
la Marine, rue Royale, N.º 84.

Brest , Imprimerie de J.-B. Lefournier.

ORDONNANCE DU ROI,

Du 25 Octobre 1826, concernant les Volontaires de la marine, *suivie du prospectus pour l'admission des Elèves au Collége royal d'Angouléme, et du Concours public pour l'admission d'Elèves de deuxième classe dans la marine, du 15 Novembre 1826.*

———◦◦◦———

CHARLES, par la grace de Dieu, Roi de France et de Navarre,

Voulant pourvoir aux moyens d'assurer complétement le service dont les élèves de la marine sont chargés, à bord de nos vaisseaux, sans accroître le nombre de ces élèves dans une proportion qui ralentirait leur avancement, et serait préjudiciable à la bonne composition de notre corps royal de la marine;

Nous avons reconnu que ce double but serait atteint, en faisant concourir de jeunes marins aux fonctions remplies par des élèves, et que cette disposition, qui contribuera à répandre des connaissances utiles, serait à la fois avantageuse au commerce maritime et à la marine militaire, en formant des navigateurs propres à servir, soit comme capitaines au long-cours, soit comme officiers auxiliaires sur nos bâtimens de guerre.

En conséquence, sur le rapport de notre ministre secrétaire-d'état de la marine et des colonies,

Nous avons ordonné et ordonnons ce qui suit :

Art. 1.er Il sera établi, pour le service de nos bâtimens de guerre, une classe de navigateurs qui seront désignés sous le titre de *Volontaires de la marine*.

2. Chaque année, notre ministre secrétaire-d'état de la marine fixera, en raison du nombre et de l'espèce des bâtimens dont l'armement sera ordonné, le nombre des volontaires qui pourront y être employés.

3. Tout candidat à une place de volontaire de la marine devra satisfaire à un examen public, dont les conditions seront déterminées ci-après.

4. Cet examen sera fait, chaque année, dans les ports de Brest, Toulon, Rochefort, Cherbourg et Lorient, par une commission qui sera composée ainsi qu'il suit :

Un officier-supérieur de la marine, président ;

Deux officiers de la marine,
Un professeur de mathématiques. ⟩ membres.
Un professeur de dessin,

Notre ministre de la marine fera connaître, au moins deux mois à l'avance, l'époque qu'il aura fixée pour l'examen des candidats.

5. Tout aspirant à une place de volontaire devra être âgés de seize ans au moins et de vingt ans au plus, à l'époque de l'examen qu'il subira.

Il ne pourra y être admis qu'en vertu d'une autorisation de notre ministre secrétaire-d'état de la marine.

Tout candidat lui adressera en conséquence,

avec sa demande, laquelle indiquera le port où il désire être examiné,

1.° Son acte de naissance ;

2.° Un certificat constatant qu'il a été vacciné, qu'il est d'une bonne constitution et exempt de difformités ;

3.° Un certificat attestant qu'il a navigué pendant douze mois au moins, soit sur nos bâtimens de guerre, soit sur les navires du commerce ;

4.° Des certificats de bonne conduite délivrés par le maire de la commune du lieu de la résidence du candidat, par les professeurs sous lesquels il aura étudié, et par les capitaines sous les ordres desquels il aura été embarqué.

6. Notre ministre secrétaire-d'état de la marine arrêtera la liste générale des candidats susceptibles d'être admis à l'examen. Des extraits en seront adressés aux commandans de la marine des cinq grands ports, pour être remis, avec les pièces produites par les candidats, sous les yeux de la commission d'examen.

Chaque candidat, autorisé à faire preuve des connaissances exigées, devra se rendre dans le port à ses frais.

7. Les candidats devront justifier à la commission d'examen :

Qu'il savent écrire lisiblement et qu'ils connaissent les élémens de la grammaire française ;

Qu'ils sont en état de faire et démontrer les quatre premières règles de l'arithmétique, et de dessiner une vue de côte ou une tête.

Le commandant de la marine procurera aux membres de la commission les moyens de faire exécuter par les candidats les manœuvres et exercices nécessaires, pour juger de leur aptitude au métier de la mer.

8. Lorsque l'examen sera terminé, il en sera dressé un procès-verbal que tous les membres de la commission devront signer : il sera adressé à notre ministre secrétaire-d'état de la marine, par le commandant de la marine, qui joindra à ce procès-verbal les observations qu'il croira devoir faire.

La commission classera les candidats par ordre de mérite.

9. Lorsque les procès-verbaux des examens seront parvenus à notre ministre secrétaire-d'état de la marine, il arrêtera également par ordre de mérite, la liste générale des volontaires qui devront être admis à servir sur nos bâtimens, à raison des besoins du service.

Il fera expédier, à chacun d'eux, une lettre de nomination.

La conduite d'élève sera allouée aux volontaires pour se rendre du port d'examen à celui de leur destination.

10. Les volontaires de la marine porteront à bord et dans les ports militaires l'uniforme des élèves de deuxième classe, mais sans aiguillette ; le parement de l'habit sera bleu de ciel.

Ils feront le même service que les élèves, prendront rang après eux et mangeront à la même table.

Ils recevront, comme les élèves, la ration de bord, les objets du couchage et le traitement de table.

Ils toucheront en outre la solde d'élève de deuxième classe, à dater du jour de leur embarquement jusqu'à celui de leur débarquement.

Ils n'auront droit à aucune solde pendant leur séjour à terre.

11. Dans le cas où le nombre des volontaires de la marine excéderait celui nécessaire aux besoins du service, il sera pourvu à leur embarquement à tour de rôle et autant que possible, par égale proportion entre ceux qui auront un, deux, trois et quatre ans de navigation comme volontaires.

12. Lorsque les volontaires ne seront pas embarqués et qu'ils se trouveront dans les ports militaires, ils seront sous la police immédiate du major-général, et ils seront admis aux différens cours d'études établis pour l'enseignement des élèves de la marine.

13. Lorsque les volontaires auront atteint l'âge de dix-huit ans, et qu'ils auront, à cette époque, complété deux années de navigation en ladite qualité, ils ne pourront plus être levés pour le service de nos vaisseaux dans un grade inférieur à celui de volontaires de la marine.

14. Les volontaires qui, étant désignés pour être embarqués, ne se rendraient pas à leur destination, seront, d'après le compte qui en sera rendu à notre ministre secrétaire-d'état de la marine, rayés de la matricule : ils rentreront alors

dans l'inscription maritime au grade et à la paie dont ils étaient précédemment pourvus.

15. Les volontaires employés sur nos bâtimens de guerre, qui demanderont à débarquer, ne pourront en obtenir la permission que sur l'autorisation de notre ministre secrétaire-d'état de la marine.

16. Les jeunes marins qui, ayant atteint l'âge de vingt-trois ans, auront navigué pendant trois ans au moins en qualité de volontaires, sur nos bâtimens de guerre, seront admis à subir l'examen de capitaine au long-cours, et ils en obtiendront le brevet s'ils justifient des connaissances exigées par les réglemens.

17. A bord de nos bâtimens, un officier de l'état-major sera spécialement chargé de surveiller la conduite des volontaires et de diriger leur instruction.

Cet officier veillera à ce que les premiers maîtres leur donnent des leçons de pratique, et aux époques déterminées par le commandant du bâtiment; il interrogera ces jeunes gens pour juger de leurs progrès.

18. Les commandans de nos bâtimens rendront compte, chaque année, au commandant de la marine du port d'armement, de la conduite, des dispositions et de l'instruction des volontaires embarqués sous leurs ordres.

Les commandans de la marine transmettront ces renseignemens à notre ministre secrétaire-d'état de la marine, et ils ajouteront les observations qu'ils jugeront convenables.

19. Tout volontaire qui, dans le cours d'une campagne, aura mérité plusieurs fois d'être puni, sera, d'après le compte qui sera rendu de sa conduite, rayé de la matricule des volontaires, et les dispositions de l'article 14 ci-dessus lui seront applicables.

20. Il sera tenu une matricule des volontaires dans les bureaux de notre ministre secrétaire-d'état de la marine, et à la majorité des cinq grands ports.

21. Nous nous réservons de récompenser, par la nomination au grade d'élève de la marine de première classe, ceux des volontaires qui, par des actions d'éclat ou par leur conduite, leurs services et leur instruction, seraient jugés susceptibles d'être admis dans le corps royal de la marine.

22. Notre ministre secrétaire-d'état de la marine et des colonies est chargé de l'exécution de la présente ordonnance.

Donné à Paris, en notre château des Tuileries, le 25.ᵉ jour du mois d'octobre de l'an de grâce 1826, et de notre règne le troisième.

CHARLES.

Par le Roi,

Le pair de France, ministre secrétaire-d'état de la marine et des colonies,

Comte DE CHABROL.

MINISTÈRE DE LA MARINE

ET DES COLONIES.

PROSPECTUS

Du Collége royal de la marine, à Angoulême, pour l'année 1827.

LE Collége royal de la marine, organisé en vertu de l'ordonnance du Roi, du 31 janvier 1816, est destiné à recevoir les jeunes gens qui désirent suivre la carrière de la marine.

Conditions d'admission.

Aux termes de l'ordonnance du Roi, en date du 22 janvier 1824, l'examen des candidats aux places d'élèves au Collége royal de la marine, sera fait par les examinateurs de l'Ecole royale polytechnique.

L'ouverture des examens sera déterminée, tous les ans (1), par le programme qui sera publié, deux mois avant l'époque fixée, par S. Exc. le ministre secrétaire-d'Etat de l'intérieur pour les examens de l'Ecole royale polytechnique. Ils auront lieu dans les villes ci-après désignées ; savoir :

(1) Les examens commencent ordinairement, à Paris, dans les derniers jours du mois de juillet.

Paris.	Tours.	Orléans.
Metz.	Angers.	Bourges.
Nancy.	Nantes.	Moulins.
Strasbourg.	Pontivy.	Clermont.
Besançon.	Brest.	Rodez.
Dijon.	Rennes.	Cahors.
Lyon.	Caen.	Toulouse.
Grenoble.	Rouen.	Pau.
Avignon.	Amiens.	Bordeaux.
Marseille.	Douai.	Limoges.
Nismes.	Reims.	Poitiers.
Montpellier.		

Conformément à la décision du Roi, du 30 juillet 1826, les candidats devront être âgés de seize ans au plus, au 15 novembre, époque de la rentrée des classes. Cette condition est de rigueur (1).

Nul ne pourra s'y présenter, s'il ne s'est fait inscrire, deux mois à l'avance, à la préfecture du département qu'il habite.

Il sera assigné un arrondissement à chacune des villes où l'examen devra se faire, et les candidats ne pourront être examinés que dans l'arrondissement où le domicile de leur famille est établi, ou dans celui où ils auront achevé leur première éducation, pourvu qu'ils y aient étudié pendant plus d'une année (2).

(1) En 1828, ce *maximum* d'âge sera réduit à quinze ans, et à quatorze pour les années suivantes.

(2) Ces deux derniers paragraphes contiennent des dispositions qui ne doivent pas être confondues. L'une porte que

Tout candidat devra produire :

1.º Son acte de naissance ;

2.º Un certificat des autorités du lieu de son domicile, prouvant qu'il est susceptible d'être admis au Collége, sous les rapports des principes religieux, du dévouement au Roi, et de la bonne conduite ;

3.º Un certificat du médecin, qui constate qu'il a eu la petite-vérole, ou qu'il a été vacciné, qu'il est d'une bonne constitution, et qu'il n'a aucune difformité corporelle ;

4.º Un certificat de chef d'institution, constatant que le candidat est en état de traduire un morceau d'un auteur latin de la force de ceux qu'on explique en quatrième.

Les parens ou répondans de chaque élève seront tenus de payer pour lui, par trimestre et d'avance, une pension annuelle de 800 fr., et le prix du trousseau, fixé à la somme de 600 fr.

les jeunes gens doivent se faire inscrire à la préfecture du département qu'ils habitent ; et par une conséquence des règles qui concernent le domicile des mineurs, on ne peut entendre par le lieu qu'ils habitent, que le lieu où leurs parens ou tuteurs ont leur habitation, leur principal établissement, sauf le cas d'émancipation, auquel cas il ne faudrait pas non plus confondre le lieu où les jeunes gens ne feraient que séjourner, avec celui de leur domicile. Le Code civil doit servir de règle à cet égard. Par la deuxième disposition, le candidat peut subir son examen, soit dans l'arrondissement d'examen où se trouve son habitation, soit dans celui où il fait ses études depuis plus d'une année. Il ne s'ensuit pas de cette faculté accordée pour l'examen, qu'on doive l'étendre à l'inscription ; la formalité de l'inscription est tout-à-fait indépendante.

Les connaissances dont chaque candidat devra faire preuve devant l'examinateur, pour être susceptible d'être admis au Collége royal, sont:

L'arithmétique jusques et non compris les logarithmes;

Les premiers élémens de géométrie, jusques et compris les surfaces et les plans;

Chaque candidat traduira, sous les yeux de l'examinateur, un morceau d'un auteur latin, de la force de ceux qu'on explique en quatrième, et traitera par écrit, en français, un·sujet de composition donné.

Son écriture devra être lisible et l'orthographe correcte.

Il copiera une tête au trait, d'après un des dessins qui lui seront présentés par l'examinateur.

Instruction au Collége royal et avancement des elèves.

Les jeunes gens qui seront admis au Collége royal de la marine auront en y entrant le titre d'élèves de la marine de troisième classe.

Le cours des études sera de deux ans; il ne sera point accordé d'année de faveur pour doubler, soit la première, soit la seconde année d'études.

Les élèves recevront une éducation spécialement appropriée au service qu'ils sont appelés à remplir sur les vaisseaux.

L'instruction théorique leur sera donnée au Collége, et l'instruction pratique sur les bâtimens du Roi, qui seront armés à cet effet.

Il y aura tous les ans, au Collége royal un examen auquel il sera procédé par un examinateur de la marine, sur toutes les parties de l'instruction exigées par les réglemens; et les élèves qui auront répondu d'une manière satisfaisante, pourront obtenir, après avoir suivi les cours de la deuxième année, le titre d'élève de la marine de deuxième classe et être envoyés dans les ports en cette qualité.

Les élèves de deuxième classe, qui auront fait deux campagnes d'instruction, de dix mois chacune environ, seront admis à subir un nouvel examen, à la suite duquel ils pourront obtenir, si d'ailleurs ils ont été favorablement notés, le grade d'élève de première classe, correspondant à celui de lieutenant en second d'artillerie de la marine.

Lorsque les élèves de première et de deuxième classe seront à terre, dans les ports de Brest, Toulon et Rochefort, ils seront réunis en compagnies, sous l'autorité d'officiers de la marine et de professeurs attachés à ces compagnies.

Conformément aux dispositions des ordonnances du Roi, en date du 31 janvier 1816 et 31 octobre 1819, les élèves de la première classe qui réuniront quarante-huit mois de navigation, y compris les deux campagnes d'instruction qu'ils auront faites en qualité d'élèves de deuxième classe, et qui, par leur bonne conduite et leur aptitude au service, auront obtenu des notes favorables de leurs chefs, seront susceptibles d'être promus au grade d'enseigne de vaisseau.

Trousseau.

Le trousseau de chaque élève lui sera fourni en totalité, à son entrée au Collége, au moyen d'une somme de 600 fr., qui sera versée par la famille dans la caisse du quatier-maître-trésorier.

L'entretien du trousseau sera à la charge du Collége royal, pendant le tems que l'élève y séjournera, et les effets qui le composeront lui seront remis en bon état, au moment de sa sortie.

Indépendamment du trousseau, chaque élève devra apporter une timbale d'argent et un couvert d'argent.

Il devra être muni des livres et instrumens ci-après, qu'il pourra, s'il le désire, se procurer au Collége, savoir :

Les deux premiers volumes du cours de mathématiques de Bezout ;

Le traité de navigation du même auteur ;

Les élémens de statique de Monge ;

Un portefeuille pour le dessin ;

Un étui de mathématique complet ;

Les tables de logarithmes de Callet ;

Une grammaire anglaise de Cobbet ;

Deux boîtes de crayons de Conté, n.ºs 1 et 2 ;

Un porte-crayon en cuivre, de six pouces ;

Six crayons de Conté, mine de plomb ;

Un bâton d'encre de la Chine ;

Quatre pinceaux à laver ;

Deux hampes pour pinceaux ;

Un morceau de gomme élastique ;

Un morceau de colle à bouche ;

Un canif ;

Une règle plate, en bois, de dix-huit pouces ;

Une équerre, en bois, de six pouces sur cinq.

Le trousseau dont les élèves, sortant du collége d'Angoulême, devront être pourvus, à leur arrivée dans les ports, se composera ainsi qu'il suit :

Habillement.

Un habit grand uniforme, en drap bleu, paremens et collet de même, doublure en serge bleue, boutons de cuivre doré, timbrés d'une ancre ;

Une veste en drap bleu ;

Deux paletots de drap bleu, revers, collet et paremens de même couleur ; les revers garnis de cinq boutons, manches coupées et garnies chacune de quatre boutons ;

Un gilet de drap bleu garni de deux rangs de petits boutons ;

Deux pantalons de drap bleu, à la matelote ;

Une capote courte, en grosse étoffe bleue ;

Un chapeau monté à la française, avec ganse d'or ;

Un chapeau rond à la matelote, bordé d'un galon noir en poil de chèvre ;

Une aiguillette de soie bleue et or.

Armement.

Une épée, poignée en cuivre doré, du modèle adopté pour la marine et portée par un ceinturon de cuir noir verni.

Petit équipement.

Douze chemises de toile blanche ; six caleçons de toile ; douze paires de bas de coton ; quatre paires de bas de laine grise ; six cravates de percale ; trois cols de soie noire plissés ou cravates de soie noire ; douze mouchoirs de poche, de couleur ; trois bonnets de coton ; douze serviettes de toile ; deux paires de souliers ; une paire de bottes ou bottines ; une paire de boucles de souliers, en cuivre uni ; une paire de demi-guêtres, en étamine noire ; une paire de demi-guêtres, en toile blanche ; une brosse à habit ; une brosse à peignes ; deux peignes ; un couvert complet en fer étamé.

Chaque élève de deuxième classe devra être muni des instrumens, livres et autres objets ci-après :

Les volumes du cours de Bezout, contenant : l'arithmétique, avec les notes de Peyrard ; la géométrie, l'algèbre, la navigation, avec les notes de M. de Rossel ; les Elémens de statique, de Monge ; les Tables de logarithmes, de Callet ; le Manuel de gréement, de M Costé ; un Dictionnaire de marine ; la Grammaire anglaise, de Cobbet ; un étui complet de mathématiques ; un portefeuille pour le dessin ; deux boîtes de crayons de Conté, n.os 1 et 2 ; un porte-crayon, en cuivre, de six pouces ; une douzaine de crayons, mine de plomb ; un bâton d'encre de la Chine ; quatre pinceaux à laver ; deux hampes à pinceaux ; un morceau de

gomme élastique ; un morceau de colle à bouche ;
un canif ; une règle, en bois, de 18 pouces ; une
équerre, en bois, de six pouces sur cinq.

Paris, le 15 novembre 1826.

*Le pair de France, ministre secrétaire-d'état
de la marine et des colonies,*

Comte DE CHABROL.

N. B. Les lettres adressées au gouverneur devront être
affranchies.

---

*Prospectus du concours public pour l'admission
des élèves de seconde classe dans la marine.*

Une décision royale du 30 juillet 1826 a établi
qu'il serait ouvert un concours public, à l'effet
d'admettre, en qualité d'élèves de deuxième classe,
et sans passer par le Collége royal d'Agoulême, les
jeunes gens qui se destineraient à la carrière de la
marine.

Conditions d'admission.

Les examens, dans le concours public, seront
faits par les examinateurs de l'Ecole royale polytechnique.

L'ouverture de ces examens sera annoncé,
chaque année, par la publication du programme,
deux mois avant l'époque fixée, par S. Exc. le ministre de l'intérieur, pour les examens de l'Ecole
polytechnique. Ils auront lieu dans les villes où se
tiendront les examens pour l'Ecole royale polytechnique et le Collége royal de la marine.

Les candidats qui se présenteront au concours public de l'année 1827, devront être âgés de 17 ans au plus, au 15 novembre de la même année. Cette condition est de rigueur.

Nul ne pourra se présenter au concours, s'il ne s'est fait inscrire, deux mois à l'avance, à la préfecture du département qu'il habite.

Il sera assigné un arrondissement à chacune des villes où l'examen devra se faire, et les candidats ne pourront être examinés que dans l'arrondissement où le domicile de leur famille est établi, ou dans celui où ils auront achevé leur éducation, pourvu qu'ils y aient étudié pendant une année.

On suivra, à cet égard, les formalités prescrites dans le prospectus du Collége royal d'Angoulême.

Tout candidat devra produire :

1.º Son acte de naissance ;

2.º Un certificat des autorités du lieu de son domicile, prouvant qu'il est susceptible d'être admis dans la marine royale, sous les rapports des principes religieux, du dévouement au Roi et de la bonne conduite ;

3.º Un certificat de médecin constatant qu'il a eu la petite vérole ou qu'il a été vacciné, et qu'il n'a aucune infirmité ;

4.º Un engagement pris par sa famille, de fournir, en cas de réception du candidat, et d'entretenir pendant deux années, le trousseau, les instrumens et autres objets désignés à la fin du présent prospectus.

Le même engagement portera l'obligation de

verser, à l'arrivée de l'élève dans le port, la somme de cent francs dans la caisse de la compagnie à laquelle il sera affecté.

Les connaissances dont chaque candidat devra faire preuve devant l'examinateur pour être susceptible d'être admis en qualité d'élève de deuxième classe, sont :

1.º La langue française, de manière à pouvoir traiter par écrit, un sujet de composition donné ; écrire lisiblement et correctement ;

2.º Le latin, de manière à pouvoir expliquer et traduire un auteur latin de la force de ceux qu'on explique en quatrième ;

3.º Les élémens d'histoire et de géographie ;

4.º L'arithmétique, y compris l'exposition de la théorie des proportions, celles des progressions et celles des logarithmes et l'usage des tables ;

5.º La géométrie élémentaire, et les élémens de géométrie descriptive, comprenant les problèmes sur la ligne droite et les plans.

6.º L'algèbre, comprenant la solution des équations des deux premiers degrés ; la démonstration du binôme de Newton, dans le cas des exposans entiers et positifs ;

7.º Les trigonométries rectiligne et sphérique ; un exemple de résolution d'un triangle sphérique sera proposé à chaque candidat, pour s'assurer qu'il sait en faire tous les calculs, et employer les tables de Sinus ;

8.º La statique élémentaire appliquée à l'équilibre des machines simples traitées synthétiquement ;

9.º Le dessin, de manière à pouvoir copier une tête ombrée et un dessin au lavis présentés par l'examinateur.

Le candidat sera, en outre, interrogé sur les principes du dessin pittoresque, et du dessin géométrique, et on aura égard aux connaissances élémentaires qu'il pourra posséder dans cette partie.

La liste générale des candidats qui auront satisfait complétement aux examens exigés sera soumise au ministre de la marine.

Les lettres de nomination seront adressées à domicile à ceux de ces jeunes gens qui, en raison des besoins du service, auront été admis au grade d'élèves de deuxième classe.

Ils devront être rendus, le 15 novembre, dans le port qui leur sera assigné.

Les élèves passeront deux années, soit dans le port, soit à bord des bâtimens spécialement armés, à l'effet de compléter leur instruction théorique et pratique, et d'y acquérir les connaissances nécessaires pour subir l'examen d'élève de 1.re classe.

Ils recevront une solde de 40 fr. par mois indépendamment de la somme allouée pour traitement de table.

Le complément des études théoriques comprendra :

1.º Un cours de langue anglaise, conforme au cours suivi au Collége royal d'Angoulême ;

2.º Le cours de navigation ;

3.º Les propositions de physique générale et

' mécanique, conformément au programme en usage au Collége royal d'Angoulême ;

4.º Le dessin linéaire et au lavis ;

5.º La levée des plans hydrographiques sur le terrain.

Les candidats qui, outre les connaissances portées au premier des programmes ci-dessus, pourront prouver qu'ils possèdent une ou plusieurs partie de celles qui composent le second programme, seront placés, par ordre de mérite, à la tête de la liste des sujets proposés pour l'admission.

Les études théoriques et pratiques qui doivent occuper les élèves de deuxième classe, pendant leur séjour dans le port et à bord des bâtimens d'instruction, seront dirigées d'après un réglement.

A l'expiration des deux années de séjour dans le port et sur les bâtimens, les élèves de deuxième classe seront examinés sur la totalité des matières qui leur auront été enseignées ; et ceux qui satisferont à cet examen, seront promus au grade de première classe, correspondant à celui de lieutenant en second d'artillerie.

Trousseau dont les élèves de 2.e classe devront être pourvus à leur arrivée dans les ports.

Habillement.

Un habit grand uniforme en drap bleu, paremens et collet de même, doublure en serge bleue, boutons en cuivre doré, timbrés d'une ancre ;

Une veste en drap bleu ;

Deux paletots en drap bleu, revers, collet et parcmens de même couleur, les revers garnis de cinq boutons, manches coupées et garnies chacune de quatre boutons;

Un gilet de drap bleu, garni de deux rangs de petits boutons;

Deux pantalons de drap bleu à la matelote;

Une capote courte en grosse étoffe bleue;

Un chapeau monté à la française, avec ganse d'or;

Un chapeau rond à la matelote, bordé d'un galon noir en poil de chèvre;

Une aiguillette en soie bleue et or.

Armement.

Une épée, poignée en cuivre doré, du modèle adopté par la marine, et portée par un ceinturon de cuir noir verni.

Petit équipement.

Douze chemises de toile blanche; six caleçons de toile; douze paires de bas de coton; quatre paires de bas de laine grise; six cravates de percale; trois cols de soie noire plissés, ou cravates de soie noire; douze mouchoirs de poche de couleur; trois bonnets de coton; douze serviettes de toile; deux paires de souliers; une paire de bottes ou bottines; une paire de boucles de souliers, en cuivre uni; une paire de demi-guêtres, en étamine noire; une paire de demi-guêtres en toile blanche; une brosse à habit; une brosse à peignes; deux peignes; un couvert complet en fer étamé.

Chaque élève de deuxième classe devra être muni des instrumens, livres et autres objets ci-après :

Les volumes du cours de Bezout, contenant : l'arithmétique, avec les notes de Peyrard ; la géométrie, l'algèbre, la navigation, avec les notes de M. de Rossel ; les élémens de statique, de Monge ; les Tables de logarithmes, de Callet ; le Manuel de gréement, de M. Costé ; un Dictionnaire de marine ; la Grammaire anglaise, de Cobbet ; un étui complet de mathématiques ; un portefeuille pour le dessin ; deux boîtes de crayons de Conté, n.ºs 1 et 2 ; un porte-crayon, en cuivre, de six pouces ; une douzaine de crayons, mine de plomb ; un bâton d'encre de la Chine ; quatre pinceaux à laver ; deux hampes à pinceaux ; un morceau de gomme élastique ; un morceau de colle à bouche ; un canif ; une règle, en bois, de dix-huit pouces ; une équerre, en bois, de six pouces sur cinq.

Les élèves de première classe qui réuniront quarante-huit mois de navigation, y compris les campagnes d'instruction qu'ils auront faites en qualité d'élève de deuxième classe, et qui, par leur bonne conduite et leur aptitude, auront obtenu des notes favorables de leurs chefs, seront susceptibles d'être promus au grade d'enseigne de vaisseau.

Paris, le 15 novembre 1826.

Le pair de France, ministre secrétaire-d'état de la marine et des colonies,

Comte DE CHABROL.